Julie Daurel

¡A la plancha!

Fotografías de David Japy

Índice

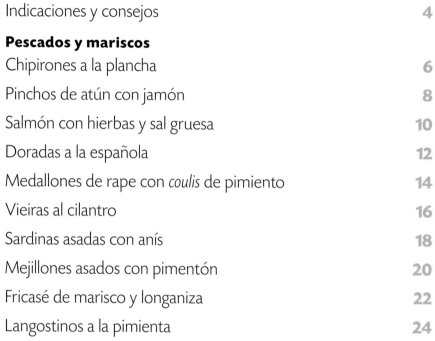

Indicaciones y consejos

Originaria de España

La plancha es de origen español. Se supone que apareció en el siglo XIX durante las romerías, las fiestas que formaban parte de las peregrinaciones. Para celebrarlas, se cree que se ponían grandes placas de acero encima de las brasas para servir paellas gigantes. Este excelente invento permitía asar a la vez una cuarentena de pollos y grandes cantidades de hortalizas. Éste es el origen de la plancha. Más tarde, los quemadores de gas dispuestos convenientemente reemplazaron a las brasas.

A partir de la década de los setenta, los clubes deportivos y las sociedades gastronómicas del País Vasco adoptaron este modo de cocción para preparar grandes comidas. Desde entonces, a la hora de las tapas, en los bares se asan rodajas de chorizo, chipirones, o setas laminadas.

Un mecanismo sencillo

La plancha es una placa de acero esmaltado que mide unos 50 cm de ancho por 50 cm o 1 m de largo. En uno de sus ángulos hay un agujero que permite la salida de los jugos de la cocción, que se depositan en un cubilete de cerámica. La placa va unida a un armazón metálico. El calor para la cocción lo proporcionan uno, dos o tres quemadores, conectados a una bombona de gas mediante un tubo flexible.

El aparato se puede colocar encima de un soporte resistente al calor, hecho de ladrillos refractarios o de hormigón. Si queremos que tenga más movilidad, también se puede instalar sobre una plataforma móvil.

Norma de seguridad: sólo debe utilizarse en el exterior o en un local bien aireado, a un metro de todo material combustible.

Un mantenimiento fácil

Cuando la plancha se enfría, la limpiamos con una esponja suave, lavavajillas y agua. Hay que evitar utilizar una esponja abrasiva que pudiera rayar el esmalte.

Si la plancha está muy sucia, tapamos el agujero de evacuación. Llenamos la plancha de agua y vinagre. La dejamos en remojo durante una noche si es necesario. Por último, la limpiamos con una espátula de madera.

Entre dos cocciones con sabores poco compatibles (carne y pescado, por ejemplo), se recomienda remojar la plancha con vinagre blanco o esparcir sal gruesa. Cuando la sal se haya deshecho, basta con secar la placa para hacer desaparecer los sabores y olores desagradables.

Una cocción sana

La plancha es una forma de cocción ideal para todos los productos frescos: hortalizas, carnes, pescados y mariscos. Su calor vivo y constante permite asar estos alimentos delicados, y cocinarlos por fuera, dejando intactos los jugos, los aromas y la carne.

El tamaño de la plancha permite asar de manera simultánea las hortalizas por un lado, y las carnes o pescados por el otro.

Otra ventaja apreciable: es que los alimentos se cuecen uniformemente, sin riesgo de llamaradas intempestivas.

Una cocina recreativa

Antes de cocinar, calentamos la plancha durante cinco minutos a fuego vivo.

A continuación, echamos una pequeña cantidad de materia grasa.

Entonces escogemos si mantenemos el fuego vivo para asar los alimentos o lo bajamos para cocerlos a fuego lento. Es posible regular la potencia de cada quemador, modulando el calor de la superficie de la plancha. También podemos asar la carne o el pescado por un lado y, por otro lado, conservar calientes las hortalizas o el recipiente de la salsa.

Se recomienda usar espátulas y pinzas de madera para manipular los alimentos. En ningún caso se deben cortar o pinchar los alimentos, para que se conserve todo su jugo, y también la superficie esmaltada de la plancha.

Salsas y escabeches

En general, cocinar a la plancha es simple y práctico. Los escabeches y las vinagretas aportan un toque original.

Los escabeches, desde los más clásicos hasta los más imaginativos, ofrecen una gran variedad de gustos y sabores: a vino tinto o blanco, a aceite de oliva y a limón, a soja y a especias. Ablandan y aromatizan la carne, el pescado o las hortalizas antes de que se cuezan a fuego vivo.

Otra variante que se ajusta a la esencia de este tipo de cocina al aire libre es la salsa vinagreta, para acompañar con toda libertad los platos que realizamos. Esta salsa, enriquecida con hierbas frescas, ajo o chalotes picados finamente, con un poquito de vinagre balsámico o limón, complementa armoniosamente todos los platos de la cocina a la plancha.

Podemos probar muchísimas combinaciones, los límites sólo los pone la imaginación.

Chipirones a la plancha

Para 6 personas:

1 1/2 kg de chipirones

1/2 limón

4 dientes de ajo

1 manojo de perejil liso

3 cucharadas soperas de aceite de oliva

sal y pimienta

Vaciamos y limpiamos los chipirones, los enjuagamos y los escurrimos.

Los cortamos en trozos y los rociamos con aceite de oliva. Exprimimos el medio limón. Pelamos los dientes de ajo, los trituramos con el perejil y reservamos.

Encendemos la plancha.

Ponemos los chipirones, los asamos a fuego vivo durante unos 10 minutos procurando aplanarlos bien con una espátula de madera para que se doren.

Echamos el zumo de limón y lo dejamos cocer 2 o 3 minutos más.

Salpimentamos y esparcimos perejil por encima antes de servir.

Estos chipirones estarán perfectos acompañados con un poco de ensalada crujiente.

Pinchos de atún con jamón

Para 6 personas:

1 kg de atún

2 cortezas de limón ralladas

12 tomates rojos

10 lonchas finas de jamón cocido

aceite de oliva

Para el escabeche:

el zumo de 1/2 limón

1 cebolla roja cortada en trozos finos

1/2 cucharadita de pimentón

6 hojas de laurel desmenuzadas

2 cucharaditas de sal

broquetas de madera

Mezclamos los ingredientes del escabeche.

Cortamos el atún en dados de unos 3 cm y los dejamos en escabeche toda una noche.

Al día siguiente, envolvemos los trozos de pescado en las lonchas de jamón de la misma anchura, y los ensartamos en las broquetas, alternándolos con los tomates rojos.

Encendemos la plancha.

Mezclamos el aceite de oliva y la corteza de limón rallada y untamos los pinchos con esta mezcla.

Asamos los pinchos a la plancha, entre 5 y 10 minutos por cada lado.

Salmón con hierbas y sal gruesa

Para 6 personas:

1,2 kg de salmón

75 g de mantequilla

3 cucharadas soperas de las siguientes hierbas: perejil, eneldo y cebollino (todas ellas cortadas)

1 chalote gris

2 cucharadas soperas de aceite de oliva

sal gruesa

En la pescadería pediremos que corten el salmón en filetes, saquen las espinas y los corten en trozos sin sacarles la piel.

Calentamos la plancha previamente a temperatura media.

Limpiamos el salmón, secamos la piel y la untamos de aceite de oliva.

Cortamos el perejil, el eneldo y el cebollino. Picamos el chalote finamente, lo mezclamos con la mantequilla y las hierbas, y lo reservamos.

Ponemos los trozos de salmón de forma que el lado de la piel esté encima de la plancha, caliente pero que no queme, y los dejamos cocer 20 minutos a fuego moderado y regular.
De esta manera la piel del salmón estará crujiente, y la parte de arriba se mantendrá cruda.

Sacamos los trozos de pescado de la plancha, ponemos una buena cucharadita de mantequilla perfumada y una pizca de sal gruesa sobre cada trozo, y los servimos en un plato que esté caliente.

Doradas a la española

Para 6 personas:

2 doradas frescas, limpias y sin escamas

2 dientes de ajo fresco

1 vaso de aceite de oliva

1 pimiento seco

2 cucharadas soperas de aceite de oliva

1 cucharada sopera de pimienta molida

4 cucharadas soperas de vinagre de Jerez

sal y pimienta

Pelamos los dientes de ajo y cortamos el pimiento en tiras.

Con un pincel, untamos las doradas con dos cucharadas soperas de aceite de oliva.

Encendemos la plancha.

En una cazuela aparte, doramos el ajo en el aceite de oliva restante. Cuando el ajo esté dorado, echamos el vinagre de Jerez, pero tenemos que procurar tapar rápidamente la cazuela para evitar que salpique.

Lo reservamos en un extremo de la plancha, donde se conservará caliente.

Asamos el pescado a la plancha, entre 10 y 15 minutos por cada lado.

Ponemos las doradas asadas en una fuente, las cortamos por la mitad, sacamos las espinas, las salpimentamos y las rociamos con el contenido de la cazuela.

Se comen calientes, con el ajo dorado.

Medallones de rape con *coulis* de pimiento

un rape grande de 1,4 kg

12 lonchas de panceta ahumada

1 diente de ajo

2 cucharadas soperas de aceite de oliva

2 botes de pimiento rojo

2 cebollas grandes

3 cucharadas soperas de aceite de oliva

1/2 cucharadita de azafrán

1/2 cucharadita de curry

1 bote pequeño de nata

sal y pimienta

En la pescadería, pediremos que limpien el rape y saquen la espina central.

Introducimos uno o dos dientes de ajo en el rape. Juntamos los dos filetes de rape, los cubrimos con la panceta y lo atamos como un asado.
Lo reservamos en un lugar fresco.

Preparamos el *coulis* fundiendo las cebollas en dos cucharadas soperas de aceite de oliva. Añadimos los pimientos escurridos y cortados en tiras. Dejamos que se confite a fuego lento durante media hora, y lo vamos removiendo.

Añadimos la nata, el azafrán, el curry, la sal y la pimienta, y lo trituramos todo con la batidora, de manera que obtengamos un puré fino.

Encendemos la plancha y mantenemos el *coulis* caliente, al baño María, en un extremo de la plancha.

Cortamos el rape en trozos gruesos, de la misma anchura que las lonchas de panceta. Los untamos de aceite de oliva y les echamos una pizca de sal y pimienta.

Asamos los trozos de rape en la plancha muy caliente, 5 minutos por cada lado, y los servimos con el *coulis* de pimiento.

Vieiras al cilantro

24 vieiras frescas

3 pimientos rojos

6 tomates secados
y confitados

5 cucharadas soperas de
aceite de oliva

1 cucharada sopera de
zumo de limón

1 cucharadita de miel

3 ramas de cilantro

1 pimiento seco

sal y pimienta molida

Metemos los tres pimientos rojos en el horno caliente,
a 210º C (termostato 7), durante media hora.

Los sacamos del horno y los dejamos enfriar. Los pelamos
y los cortamos en dados.

Añadimos los tomates confitados desmenuzados. Echamos
una pizca de sal y pimienta.

Abrimos las vieiras, les sacamos los filamentos y las
limpiamos bien con agua para sacar la arena.

En un plato hondo, ponemos el aceite de oliva, el zumo de
limón, la miel, dos pizcas de sal y el pimiento seco.

Mezclamos bien. Introducimos las vieiras en el escabeche.
Las dejamos un cuarto de hora y les damos la vuelta una vez.

Encendemos la plancha.

Echamos una cucharada sopera de aceite de oliva,
y doramos la mezcla de pimientos rojos y tomates
durante unos minutos. Añadimos las vieiras y las asamos
50 segundos por cada lado.

Esparcimos cilantro y lo servimos.

Sardinas asadas con anís

Para 6 personas:

**36 sardinas de unos
10-12 cm**

**4 dientes de ajo, picados
finamente**

el zumo de 1 limón

**3 cucharadas soperas de
anís o pacharán**

**5 cucharadas soperas de
aceite de oliva**

**3 cucharadas soperas de
perejil liso picado**

sal y pimienta molida

gajos de limón

Ponemos el pescado en una fuente grande un poco honda. Sobre las sardinas, echamos el ajo, el zumo de limón, el anís, el aceite de oliva y la mitad del perejil. Les damos la vuelta para que se impregnen bien y las dejamos macerar en el escabeche durante 30 minutos en un lugar fresco.

Encendemos la plancha.

Escurrimos las sardinas y las asamos unos 3 o 4 minutos por cada lado.

Las sazonamos y las servimos al instante con los gajos de limón, y acompañadas con una ensalada de milamores, hinojo fresco cortado en tiras y rodajas de naranja.

Mejillones asados con pimentón

2 kg de mejillones, limpios

sal

7 tomates bien maduros, pelados, despepitados, y cortados en trozos

1 cucharada sopera de pimentón

150 ml de agua

5 dientes de ajo, picados finamente

1 cebolla pequeña, picada finamente

sal

En una cazuela pequeña, ponemos los tomates, el pimentón y el agua. Cuando hierva, lo dejamos cocer a fuego vivo unos 15 minutos, hasta que los tomates estén hechos. Trituramos el ajo con un puñado de sal. Añadimos la cebolla y la mezcla de tomate y pimiento, lo volvemos a triturar y lo salamos.

Encendemos la plancha.

Asamos los mejillones a temperatura media durante unos 10 minutos. Tiramos los que no estén abiertos.

Se sirven en sus conchas y se comen bañados en la salsa.

Estos mejillones son ideales para el aperitivo, pero también pueden ser un excelente plato principal. En este caso, hay que doblar las cantidades y servirlos acompañados de un plato de arroz o de pasta.

Fricasé de marisco y longaniza

Para 6 personas:

1 kg de mejillones

1 kg de berberechos

500 g de almejas

2 longanizas

1 corazón de apio

250 g de tomates

30 g de mantequilla

1 diente de ajo

1 pimiento seco

sal y pimienta

perejil

1 cucharada sopera de
aceite de oliva

Otra variante:

Se puede reemplazar la
longaniza por chorizo
o salchichón.

Ponemos en remojo los berberechos y los limpiamos bien con agua que iremos cambiando para sacar la arena. Limpiamos el resto del marisco.

Cortamos los tomates en dos, les sacamos las pepitas y los cortamos en dados. Laminamos finamente el corazón del apio.

Encendemos la plancha a fuego lento.

Pasamos la longaniza y un diente de ajo por la batidora.

En la plancha, derretimos la mantequilla a fuego lento, añadimos el aceite y las láminas de apio y lo dejamos cocer 2 minutos. Incorporamos los dados de tomate y el pimiento, que machacaremos con los dedos. Lo salamos y lo dejamos cocer 3 minutos.

Ponemos el marisco en la plancha. Lo mezclamos vigorosamente con las hortalizas, dejamos que se abran a fuego vivo, y vamos removiendo. Añadimos la mezcla de longaniza y ajo y dejamos que se dore unos minutos.

Esparcimos perejil y lo servimos muy caliente.

Langostinos a la pimienta

Para 6 personas:

36 langostinos

8 cucharadas soperas de aceite de cacahuete

2 cucharadas soperas de pimienta negra

2 cucharadas soperas de salsa de soja

2 cucharadas soperas de limoncillo, preferentemente fresco

sal gruesa

Encendemos la plancha.

Asamos los langostinos en aceite, a fuego vivo, 4 minutos por cada lado.

Echamos pimienta, los rociamos con la salsa de soja y esparcimos limoncillo y sal gorda.

Se sirven muy calientes.

Chuletas de cordero adobadas

Para 6 personas:

12 chuletas de cordero

Para el adobo:

4 cucharadas soperas de aceite de oliva

8 cucharadas soperas de vino tinto

2 chalotes o 1 cebolla, picados finamente

2 dientes de ajo, picados finos

1 cucharada sopera de hierbas frescas (perejil, tomillo y romero), cortadas

sal y pimienta

En una fuente un poco honda mezclamos los ingredientes del adobo. Añadimos la carne, dejamos que se impregne por los dos lados y la dejamos macerar en el adobo durante 2 horas a temperatura ambiente.

Encendemos la plancha y la asamos a fuego vivo, 5 minutos por cada lado.

Pinchos de riñones de ternera

3 riñones de ternera

tocino

3 endibias

3 escarolas rojas

tomillo y perejil

5 cucharadas soperas de aceite de oliva

2 cucharadas soperas de vinagre de Jerez

1 diente de ajo

1 pimiento seco pequeño

sal y pimienta

broquetas de madera

Cortamos los riñones en dados. Quitamos las partes blancas. Sumergimos los trozos de carne en agua avinagrada durante 1 hora. Después, los escurrimos.

En cada broqueta, intercalamos un trozo de riñón y uno de tocino. Calcularemos dos pinchos por persona.

Cocemos al vapor las endibias y la escarola roja durante 10 minutos. Tienen que quedar crujientes.

Preparamos la vinagreta mezclando cinco cucharadas soperas de aceite de oliva, dos cucharadas soperas de vinagre de Jerez, una cucharada sopera de agua, algunas tiras de pimiento seco, una punta de ajo, sal y pimienta.

Encendemos la plancha a fuego vivo y asamos los pinchos, 10 minutos por cada lado. Añadimos las endibias y las escarolas rojas 5 minutos antes de terminar la cocción.

Servimos los riñones y las hortalizas rociados con la vinagreta y salpicados de perejil y tomillo.

Chuletas de buey con tuétano

Para 6 personas:

2 chuletas de buey de 700-800 g cada una

2 huesos con tuétano

150 g de mantequilla

3 cucharadas soperas de chalotes, picados

2 cucharadas soperas de perejil, picado

1/2 vaso de vino tinto

1 cucharada sopera de zumo de limón

sal gruesa y pimienta

Sacamos el tuétano de los huesos y lo ponemos en agua hirviendo durante 10 minutos.

Encendemos la plancha.

Escurrimos el tuétano y lo picamos ligeramente. Lo reservamos en un extremo de la plancha, donde se conservará caliente.

En una cazuela pequeña, reducimos los chalotes en el vino.

En la plancha, calentamos dos cucharadas soperas de sal gruesa y asamos las chuletas de buey 5 minutos por cada lado (un poco más si nos gusta la carne en su punto). Hay que procurar dar la vuelta a la carne sin pincharla para que conserve su jugo.

La dejamos reposar en un extremo de la plancha.

Volvemos a calentar la mezcla de vino y chalotes. Fuera del fuego, añadimos la mantequilla en trozos y la derretimos removiendo bien. Incorporamos el limón y el perejil. Echamos sal, pimienta, lo mezclamos y lo vertemos en una salsera que esté caliente. Lo reservamos en un extremo de la plancha.

Cortamos las chuletas de buey en lonchas y quitamos el hueso.

Las lonchas se sirven muy calientes, cubiertas de salsa y con trocitos de tuétano por encima.

Pollo asado con hortalizas frescas

1 pollo grande de 2 kg
(o dos pollos más peque-
ños), cortados en
trozos

1 pimiento verde,
1 pimiento rojo y 1 pimiento
amarillo, despepitados y
cortados en cuatro partes

6 calabacines pequeños,
cortados por la mitad a lo
largo

1 manojo de espárragos
verdes

un buen puñado de
aceitunas negras

10 dientes de ajo, picados
finamente

el zumo de 5 limones

3 cucharadas soperas de
romero fresco

sal y pimienta negra molida

125 ml de aceite de oliva

Mezclamos los ingredientes del adobo.

Colocamos los trozos de pollo en una fuente grande un poco honda. Los recubrimos con dos terceras partes del adobo y el resto lo reservamos para las hortalizas. Lo dejamos macerar en el frigorífico como mínimo 2 horas.

Encendemos la plancha.

Asamos el pollo —tenemos que calcular 10 minutos para las pechugas y 20 minutos para los otros trozos—. Asamos las hortalizas, unos 5 minutos por cada lado y las vamos rociando con el resto del adobo.

Servimos los trozos de pollo acompañados con las hortalizas y con aceitunas negras.

Pechugas de pato asadas con cebollas y pasas confitadas

Para 6 personas:

3 pechugas de pato

sal y pimienta

Para confitar las cebollas:

150 g de pasas de Corinto

3/4 vaso de granadina

3/4 vaso de vinagre de vino

1 cucharada sopera de vinagre balsámico

30 g de mantequilla

una pizca de pimentón

4 cebollas

Pelamos las cebollas y las cortamos en rodajas finas. En una sartén, calentamos la mantequilla. Dejamos que las cebollas se ablanden sin que cojan color, y vamos removiendo. Añadimos la granadina y los dos tipos de vinagre. Salpimentamos. Incorporamos el pimentón y las pasas, y mezclamos. Bajamos el fuego y dejamos que se vaya confitando a fuego lento. Removemos de vez en cuando hasta que no quede líquido y las cebollas se hayan reducido. Tenemos que calcular una hora y media, aproximadamente.

Encendemos la plancha.

Durante 10 minutos, asamos las pechugas de pato a fuego lento, de forma que el lado de la piel esté encima de la plancha. Tenemos que fijarnos en el color que toman.

Damos la vuelta a las pechugas sin pincharlas y las asamos 8 minutos más a fuego lento.

Las dejamos reposar 5 minutos en una tabla de cortar, y a continuación las cortamos en filetes. Las salpimentamos y las servimos acompañadas con las cebollas confitadas.

Conejo a la plancha

Para 6 personas:

2 conejos pequeños, cortados en trozos

10 lonchas de panceta (o 5 lonchas finas de jamón)

4 cucharadas soperas de aceite de oliva

2 cucharadas soperas de zumo de limón

3 cucharaditas de hierbas de Provenza

3 dientes de ajo, picados finamente

sal y pimienta

3 cucharadas soperas de orégano fresco o mejorana

***tapenade* negra (pasta de aceitunas negras, alcaparras y anchoas) y alioli, como acompañamiento**

Mezclamos el aceite de oliva, el zumo de limón, las hierbas de Provenza, el ajo, la sal y la pimienta. Con esta mezcla, untamos bien el conejo, y lo dejamos macerar una hora a temperatura ambiente.

Encendemos la plancha.

Envolvemos los trozos de conejo en la panceta o el jamón y los sujetamos con hilo para el asado.

Los asamos a temperatura media entre 30 y 35 minutos, y los vamos girando y rociando con el resto del adobo.

Esparcimos mejorana y los servimos al instante, acompañados de *tapenade* y alioli.

Pinchos adobados de pollo y cigalas

Para 6 personas:

250 g de arroz largo americano

5 pechugas de pollo, cortadas en dados

15 cigalas

1/2 piña

1 manzana roja

20 g de mantequilla

el zumo de 2 limones

3 cucharadas soperas de curry en polvo

3 cucharadas soperas de aceite de oliva

sal y pimienta

broquetas de madera

En un plato hondo, echamos el zumo de los limones y el aceite de oliva, y añadimos una cucharada sopera de curry. Salpimentamos y lo mezclamos.

Pelamos las cigalas y sólo guardamos las colas. Cortamos el pollo en dados. En cada broqueta, ensartamos las cigalas intercaladas con los trozos de pollo. Calcularemos dos pinchos por persona.

Sumergimos los pinchos en el adobo y los dejamos macerar 1 hora. De vez en cuando les vamos dando la vuelta.

Cocemos los 250 g de arroz en una proporción de agua 2,5 veces mayor. El agua tiene que estar salada y perfumada con el resto del curry.

Encendemos la plancha.

Cortamos la piña en trozos y la manzana en dados.

Ponemos la fruta en la plancha y dejamos que se dore en la mantequilla 10 minutos a fuego lento. Lo reservamos en un extremo de la plancha, donde se conservará caliente.

Asamos los pinchos a fuego más vivo, entre 3 y 5 minutos por cada lado.

En una fuente grande, ponemos el arroz, la fruta y los pinchos. Se sirve muy caliente.

Hamburguesa de cordero con queso de oveja

Para 6 personas:

1 espalda de cordero de 900 g

200 g de miga de pan duro

1 vaso de leche

3 huevos

4 cucharadas soperas de aceite de oliva

sal y pimienta

6 panecillos redondos

6 lonchas de queso de oveja

6 rodajas de cebolla dulce

6 rodajas de tomate

6 hojas de lechuga

mostaza o salsa *ketchup*

Sumergimos la miga de pan en la leche y la escurrimos. Picamos bien la carne junto con la miga de pan. Añadimos dos yemas de huevo, salpimentamos, y lo dividimos en seis partes iguales.

Lo pasamos por huevo batido.

Calentamos la plancha y la untamos de aceite de oliva.

Asamos las hamburguesas a fuego vivo, 5 minutos por cada lado, hasta que estén doradas y crujientes.

Las ponemos entre dos mitades de pan ligeramente tostado en la plancha, que podemos untar con mostaza o salsa *ketchup*, y lo acompañamos con una loncha de queso de oveja (que fundiremos rápidamente en la plancha), una rodaja de cebolla o de tomate y una hoja de lechuga.

Filete *mignon* de ternera con aceitunas y anchoas

Para 6 personas:

1 filete *mignon* de ternera

sal y pimienta

Para la *tapenade* verde:

240 g de aceitunas verdes
rellenas de anchoas
(2 botes escurridos)

40 g de mantequilla

2 cucharadas soperas de
aceite de oliva

2 cucharaditas de
alcaparras

pimiento seco

24 palillos

Ponemos el filete *mignon* en el congelador 1 hora.
Lo sacamos y lo cortamos en trozos finos.

Preparamos la *tapenade* triturando las aceitunas rellenas, la mantequilla, el aceite, el pimiento y las alcaparras, de forma que obtengamos un puré fino.
Lo probamos y rectificamos el aliño. Lo reservamos en un lugar fresco.

Encendemos la plancha a fuego vivo.

Asamos por los dos lados los trozos de filete *mignon* hasta que queden bien dorados. Los dejamos enfriar. Les damos forma de pequeños cucuruchos, los llenamos de *tapenade* verde y los sujetamos con un palillo.

Se sirve en el aperitivo o como un pequeño entrante, acompañado con una ensalada verde crujiente.

Rollitos de berenjena con queso de cabra

Para 6 personas:

2 berenjenas bien tersas

5 cucharadas soperas de aceite de oliva

200 g de queso de cabra

3 cucharadas soperas de salvia recién picada

sal y pimienta

Para la salsa:

ajo

1 yogur

menta

12 palillos

Con un cuchillo bien afilado, cortamos las berenjenas a lo largo en seis lonchas finas.

Encendemos la plancha a fuego medio.

Untamos las lonchas de berenjena por los dos lados con aceite de oliva. Las salpimentamos, las asamos a fuego medio, 3 o 4 minutos por cada lado hasta que estén tiernas, y las reservamos.

Para preparar la salsa, mezclamos en un cuenco el yogur, el ajo y la menta. Salpimentamos y lo reservamos en un lugar fresco.

Cortamos el queso de cabra en doce trozos. Esparcimos un poco de salvia picada. Enrollamos la berenjena alrededor del queso. La cerramos con un palillo.

Pasamos los rollitos por la plancha a fuego lento, 3 minutos por cada lado. Los servimos calientes, y antes de comerlos los bañamos en la salsa de yogur.

Pinchos de hortalizas a la vasca

Para 6 personas:

1 chorizo

2 calabacines

9 tomates, pequeños y duros

1 cabeza de ajo

12 chalotes

2 cebollas

2 cucharadas soperas de aceite de oliva

18 hojas de laurel

2 ramas de tomillo

sal y pimienta

18 broquetas de madera

Pelamos el ajo, las cebollas y los chalotes.
Lavamos los calabacines y los cortamos en forma de palitos gruesos.
Cortamos el chorizo en rodajas. Enjuagamos los tomates y los cortamos en cuatro trozos. Ponemos los chalotes en agua hirviendo 2 minutos y los escurrimos.

Encendemos la plancha.

Decoramos nueve broquetas de madera alternando dientes de ajo, rodajas de chorizo, cebollas y trozos de tomate.

En las nueve broquetas restantes, repartimos los trozos de calabacín, los chalotes cortados en dos y las hojas de laurel.

Salpimentamos los pinchos, los untamos de aceite de oliva y los asamos 5 minutos por cada lado.

Antes de servir, ponemos unas hojas de tomillo fresco por encima.

Setas a la plancha

1 kg de setas

6 yemas de huevo

2 dientes de ajo

perejil

sal y pimienta

Limpiamos las setas cuidadosamente para sacar toda la tierra.

Las cortamos en láminas.

Encendemos la plancha.

Trituramos el ajo, cortamos el perejil, lo mezclamos y lo reservamos.

Asamos rápidamente las láminas de seta hasta que queden doradas. Las ponemos en platos que estén calientes. Cascamos el huevo en el centro del plato. Lo condimentamos con la mezcla de ajo y perejil, y lo salpimentamos.

Las setas se comen untándolas en la yema de huevo.

Sartenada de alcachofas con chorizo

Para 6 personas:

1 kg de alcachofas violetas pequeñas

2 cebollas grandes

1/2 chorizo picante

2 cucharadas soperas de aceite de oliva

1 cucharadita de miel

perejil

sal y pimienta

Pelamos las cebollas y las cortamos en rodajas.

Cortamos las alcachofas para sacar las hojas más duras y sólo conservamos el corazón, que es tierno.

Encendemos la plancha, echamos dos cucharadas de aceite de oliva y doramos las cebollas a fuego lento. Añadimos los corazones de las alcachofas cortados en seis partes. Los asamos sin dejar de remover hasta que estén bien tiernos.

Incorporamos las rodajas de chorizo y la miel, 5 minutos antes de terminar la cocción. Salpimentamos y añadimos el perejil.

Lo mezclamos bien y lo servimos muy caliente.

Ensalada de champiñones tibios y estragón

Para 6 personas:

8 champiñones de tamaño mediano (unos 400 g)

3 endibias de tamaño mediano, cortadas a lo largo en tiras finas

1 puñado de rúcula

1 puñado de escarola roja

3 chalotes, picados

1 plato de polenta fría, cortada en dados

Para el adobo:

1 cucharada sopera de vinagre balsámico

2 cucharadas soperas de aceite de oliva

2 cucharadas soperas de aceite de avellana

4 cucharadas soperas de piñones

estragón

Mezclamos los ingredientes del adobo (sólo utilizamos la mitad de vinagre balsámico y de estragón). Ponemos los champiñones cortados en láminas en una fuente un poco honda, los cubrimos con esta mezcla, los salpimentamos y los dejamos macerar a temperatura ambiente durante 45 minutos.

Encendemos la plancha a fuego medio. La untamos con aceite de oliva. Asamos los dados de polenta hasta que estén bien dorados. Escurrimos los champiñones y los asamos a su vez a fuego medio, 1 o 2 minutos por cada lado.

Durante este tiempo, mezclamos las endibias, la rúcula, la escarola roja y los chalotes. Lo aliñamos con el resto del vinagre balsámico y el aceite de avellana.

Servimos los dados de polenta y los champiñones tibios encima de la ensalada crujiente, y esparcimos los piñones y el resto del estragón.

Revoltillo de pimientos adobados con ajo

2 pimientos verdes

2 pimientos rojos

2 pimientos amarillos

1/2 vaso de aceite de oliva

4 cucharadas soperas de zumo de limón

4 dientes de ajo, bien picados

1 o 2 cucharadas soperas de romero fresco

sal y pimienta molida

Mezclamos los ingredientes del adobo.

Cortamos los pimientos en tiras. Enjuagamos las tiras con agua fría, las escurrimos sobre papel absorbente y las dejamos macerar en el adobo 1 hora.

Encendemos la plancha.

Escurrimos los pimientos, los asamos a la plancha 20 minutos y los vamos removiendo.

Salpimentamos, y servimos los pimientos asados, rociados con el resto del adobo.

Zanahorias y calabazas fritas

Para 6 personas:

1 bote de zanahorias tiernas

1 kg de calabaza *potimarron*

perifollo

sal y pimienta molida

Pelamos las zanahorias y sacamos la cáscara de la calabaza *potimarron*.

Cortamos las hortalizas en forma de patatas fritas.

Cocemos previamente las zanahorias al vapor 10 minutos.

Encendemos la plancha. La untamos de aceite de oliva, dejamos que las hortalizas se doren, y vamos removiendo para que queden doradas por todos los lados.

Antes de servir, las salpimentamos y esparcimos perifollo.

Naranjas asadas con fresas frescas

Para 6 personas:

**6 naranjas, bien peladas
y cortadas en rodajas**

**6 cucharadas soperas
de azúcar en polvo**

**3 cucharadas soperas
de Grand Marnier**

**375 g de fresas, sin el
rabillo, cortadas en láminas
y espolvoreadas con azúcar**

Encendemos la plancha.

Ponemos las rodajas de naranja en una fuente un poco
honda, y las cubrimos de azúcar y de Grand Marnier.
Las dejamos macerar 15 minutos.

Las asamos a la plancha a fuego vivo 3 o 4 minutos.
Las naranjas tienen que quedar bien cocidas, y el azúcar,
caramelizado en la superficie.

Se sirven al instante, cubiertas de fresas cortadas en láminas.

Ensalada de melocotón con turrón y mostachones

Para 6 personas:

6 melocotones blancos

**100 g de turrón
(o de almendrado)**

75 g de mantequilla

**4 cucharadas soperas de
azúcar en polvo**

**1 sobre de azúcar
aromatizado con vainilla**

1 decena de mostachones

Ponemos los melocotones en agua hirviendo durante 1 minuto para poder pelarlos fácilmente. Los cortamos en cuatro trozos.

Encendemos la plancha.

En un cazo, deshacemos la mezcla de mantequilla, azúcar y azúcar aromatizado con vainilla, y untamos los melocotones. Los asamos unos 5 minutos por cada lado.

Servimos los melocotones tibios en copas, salpicados de migajas de turrón y acompañados de mostachones.

Higos asados con frambuesas, miel y cuajada de oveja

Para 6 personas:

entre 18 y 24 higos, maduros pero consistentes

375 g de frambuesas

6 cucharadas soperas de miel

3 cucharadas soperas de vino blanco seco

6 botes de cuajada de oveja

En un cazo, calentamos la miel y el vino, lo mezclamos hasta que la miel se haya disuelto totalmente en el vino, y lo reservamos.

Encendemos la plancha a fuego medio.

Cortamos los higos en dos y los untamos con la mezcla de vino y miel. Los asamos a fuego medio, durante sólo algunos minutos, y los vamos untando una o dos veces más con la mezcla azucarada.

Los servimos calientes en un cuenco, acompañados con las frambuesas frescas y la cuajada de oveja.

¡A la plancha!

Título original: *À la plancha!*

Textos y estilismo: Julie Daurel

Realización de las recetas: Florence des Grottes

Fotografías: David Japy

Planchas : Forges Adour

Tejidos vascos : Artiga, Jean-Vier, Moutet

Vajilla y cubiertos : Jean-Vier, Terafeu-Terafour

Traducción: Cristina Torrent

Diseño de cubierta: La Page Original

Composición: Anglofort, SA

© Marabout (Hachette Livre), 2003

Libro realizado por Les Éditions du Quai Rouge (Bayona)(

© de la traducción, Cristina Torrent, 2004

© de esta edición, RBA Libros, S.A., 2004

Pérez Galdós, 36 - 08012 Barcelona

www.rbalibros.com / rba-libros@rba.es

Primera edición: Septiembre 2004

ISBN: 84-7871-160-0

Ref. LPG-30